평범한 우리 어린이들을 다음 세대
위인으로 만들어 줄 교과서 위인 이야기!
효리원의 교과서 위인 이야기는 초등학교
교과 과정에 나오는 국내외 위인들을, 우리나라
최고 아동 문학가 53인이 재미있게 동화로 구성했습니다.
지혜와 용기로 위대한 삶을 산 위인들의 이야기는,
어린이들의 마음속에 '나도 할 수 있다.'는
희망의 씨앗을 심어 줄 것입니다!

KB192169

일러두기

1. 띄어쓰기와 맞춤법 : 초등학교 국어 교과서와 국립국어원의 『표준국어대사전』을 기준으로 하였습니다.

2. 외래어 지명과 인명 : 국립국어원의 『외래어 표기 용례집』을 기준으로 하였습니다.

3. 이해가 어려운 단어 : ( ) 안에 뜻풀이를 하였습니다.

4. 작가 연보 : 연도와 함께 나이를 표기하고, 업적을 간략히 소개하였습니다. 우리나라 위인은 태어난 해를 한 살로 하였고, 외국 위인은 만 나이를 한 살로 하였습니다. 정확한 자료가 없는 위인은 연도와 업적만을 나타냈습니다.

5. 내용 구성 : 위인의 삶은 역사적 자료를 바탕으로 최대한 사실적으로 구성하였습니다. 그러나 읽는 재미를 위해 대화 글이나 배경 묘사, 인물의 감정 표현 등에 작가의 상상력을 가미하였습니다.

6. 그림 구성 : 문헌을 바탕으로 위인이 살던 시대를 충실히 나타내도록 하되 복식의 색상이나 장식, 소품, 건물 등은 작가의 상상으로 그렸습니다.

7. 내용 감수 : 각 분야의 전문가들로 구성된 편집 위원들이 꼼꼼히 감수를 하였습니다.

편집 위원

김용만 (우리역사문화연구소장)
교과서에서 만나는 위인들을 중심으로 일화와 함께 그림과 사진을 곁들여 지루하지 않게 읽을 수 있습니다. 술술 읽다 보면 학교 공부에도 많은 도움이 될 것입니다.

신현득 (동시인, 전 새싹회 회장)
우리가 자주 듣고 접하는 역사 속 실존 인물들이 자신의 꿈을 이루기 위해 어떻게 노력했는지 깨달아 가면서 우리 어린이들은 한층 더 성숙해질 것입니다.

윤재운 (동북아역사재단 연구 위원)
위인전을 읽으면서 어린이들은 시대를 넘어 간접 체험을 할 수 있습니다. 어떻게 살아야 하는지 인생에 대한 동기 부여와 함께 삶이 보다 풍요로워질 것입니다.

이은경 (철학 박사, 전북과학대 유아교육학과 교수)
한 사람의 인격과 품성은 어릴 때 형성됩니다. 따라서 초등학교 저학년 때 어떤 책을 읽느냐에 따라 생각의 크기가 달라집니다. 어린이의 미래를 위해 이 책은 꼭 읽어야 합니다.

이창열 (하버드 대학교 물리학 박사, 전 국가과학기술자문회의 전문 위원)
세상을 바꾼 위대한 인물의 이야기는 어린이의 인성 및 감성 발달에 큰 영향을 미칠 뿐 아니라 실험 정신과 개척 정신을 길러 줍니다. 용기와 지혜로 세상을 헤쳐 나가는 당당한 어린이를 꿈꾼다면 이 책은 꼭 한번 읽어 보아야 합니다.

정재도 (한글학자)
위인으로 일컬어지는 이들은 어떤 생각을 하고, 어떤 삶을 살았을까요? 그들의 흔적을 담은 위인전은 복잡한 현대를 이끌어 갈 우리 어린이들에게 나침반과 같은 역할을 할 것입니다.

조수철 (서울대학교 의과대학 소아정신과 교수)
위인전은 시대와 신분, 업적이 다른 위인들의 삶이 다양하고 흥미롭게 구성되어 있어 손쉽게 여러 삶의 모습을 만날 수 있습니다. 용기 있게 고난을 헤쳐 나간 위인의 이야기를 통해 삶의 지혜를 배울 수 있을 것입니다.

당나라를 벌벌 떨게 한
고구려의 명장
연개소문

소중애 글 / 김광배 그림

효리원
hyoreewon.com

연개소문은 전략이 뛰어나고 용맹스러운 장군입니다. 당 태종과 당 고종을 물리쳤으며, 오늘날까지 중국의 경극에 남아 있을 정도로 공포스러운 존재였습니다.

이렇게 훌륭한 장군이 있었는데도 고구려가 멸망했다는 것은 참으로 안타까운 일입니다.

고구려가 멸망한 데에는 여러 가지 이유가 있습니다. 연개소문이 권력을 잡으면서, 이전에 여러 사람들이 의견을 모아 결정했던 나랏일을 혼자만의 생각으로 결정하는 1인 독재로 이끌고 간 것이 가장 큰 이유로 꼽힙니다.

아들에 대한 무조건적인 사랑도 원인이 되었습니다. 아들들은 그가 죽은 후 고구려를 이끌어 갈 인물이었습니다. 이 때문에 연개소문은 아들들을 특별하게 키웠습니다. 그러나 결국 그들은 욕심

많고 이기적인 사람으로 자랐습니다.

우리는 연개소문 이야기에서 배울 점이 많습니다. 그는 어렸을 때부터 용감하고 의리가 있었으며, 옳다고 생각하는 것을 이루기 위해서는 끝까지 고집을 부렸습니다. 가치관이 뚜렷한 성품을 지녔던 것이지요. 또한 자라서는 나라를 위해 목숨을 아끼지 않고 싸웠습니다.

부모님께서 이 책을 읽는 아이들에게 이런 점들을 정리해 주어 본받도록 하면 좋을 것입니다.

연개소문이 아들들을 특별하게 키웠다가 오히려 실패한 점은 부모님에게 커다란 시사점이 될 것입니다.

의견이 저마다 다를 때 대화를 충분히 나누어서 차이를 좁혀 나갈 수 있도록 어렸을 때부터 지도해 주십시오.

연개소문이 아들들에게 이런 것을 가르쳤다면 그의 세 아들이 파국에 달하는 싸움은 피할 수 있었을 것입니다.

연개소문은 멋있는 장군입니다. 그의 용맹, 그의 작전, 귀신 같은 칼 솜씨…….

당나라군은 연개소문 앞에서 벌벌 떨었고, 전쟁터에서 그와 마주치면 달아나기에 바빴습니다.

그는 우리나라 땅을 지키기 위해 강력한 대외 정책을 펼쳤으며, 두려움의 대상이었던 중국에도 당당하게 맞섰답니다.

옛 사람들이 살아온 발자취를 써 놓은 것이 역사입니다. 역사를 알면 우리가 어떻게 살아가야 할지 깨닫게 됩니다.

우리 어린이들이 역사 속에서 선조들의 좋은 점을 본받고 씩씩하게 자란다면 우리나라는 세계에서 가장 강한 나라가 될 것입니다.

어린이 여러분! 이 책을 읽으며 우리 함께 고구려의 역사와 연개소문의 자주 정신을 배워 봅시다!

글쓴이 소중애

차 례

비도, 그는 누구인가?

"휘익!"

"획!"

칼날이 허공을 날고 바람을 가릅니다.

"쨍, 쨍, 쨍."

"챙, 챙."

칼과 칼이 부딪칠 때마다 불꽃이 튀었습니다.

당나라 장군이 옷깃을 펄럭이며 덤벼들었습니다. 그러나 고구려 장군은 눈 한번 깜박하지 않았습니다.

그는 살짝 몸을 피했다가 튀어 오르면서 칼을 휘둘렀습니다. 양손에 쥔 두 자루 칼이 춤을 추는 듯했습니다.

　　어느 순간에는 나비처럼 가볍게, 어느 순간에는 바위라도 썩둑 베어 버릴 듯 무서운 힘으로 칼은 위, 아래, 앞과 옆으로 이리저리 움직였습니다.

　　"덤벼라, 덤벼!"

　　고구려 장군의 무서운 모습에 당나라 장군은 뒷걸음질을 치기 시작했습니다. 그러자 뒤에서 구경하던 당나라 군사 10여 명이 우르르 몰려나와 고구려 장군을 둘러쌌습니다. 그들은 고구려 장군을 가운데 두고 빙글 빙글 돌았습니다.

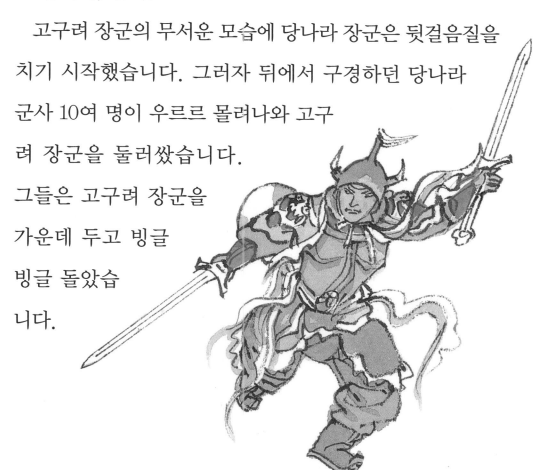

　　고구려 장군은 몸을 뒤로 젖히며 큰 소리로 웃었습니다.

　　"하하하하."

　　웃음소리에 놀란 당나라 군사들은 몸을 움츠리며 주춤거렸습니다.

　　고구려 장군은 두 개의 칼로 커다랗게 원을 그리며 그들에게 다가갔습니다. 당나라 군사 몇몇이 칼에 맞아 그 자리에 쓰러졌습니다. 나머지 군사들도 비명을 지르며 달아나기 시작했습니다.

　　"저건 사람이 아니다. 귀신이야, 귀신!"

　　"비도(날아다니는 칼)를 이길 수 있는 사람은 아무도 없어."

　　"당 태종의 원수!"

　　당나라 군사들은 뿔뿔이 흩어져 달아나 버렸습니다.

무대 아래 여기저기에서 '어이쿠, 저 바보들!' 하는 소리가 들려왔습니다.

경극을 구경하던 중국 사람들은 형편 없이 쫓기는 당나라 시대 사람들의 모습에 화가 치밀기도 했지만, 한편으로는 비도가 두렵기도 했습니다.

경극은 중국 사람들이 즐겨 보는 연극의 한 종류입니다. 화려한 의상과 웅장한 음악, 움직임이 큰 이야기로 만들어진 경극을 중국 사람들은 매우 사랑했습니다.

이런 경극 속에 귀신과 같은 칼 솜씨를 뽐내는 '비도'라는 고구려 장군이 나옵니다.

도대체 고구려 장군 비도란 누구일까요? 누구기에 당나라 경극 여기저기에서 귀신으로 표현되고 있을까요?

그는 바로 뛰어난 전략과 전술, 귀신 같은 칼 솜씨로 당나라 군사들을 벌벌 떨게 했던 고구려의 명장 연개소문입니다.

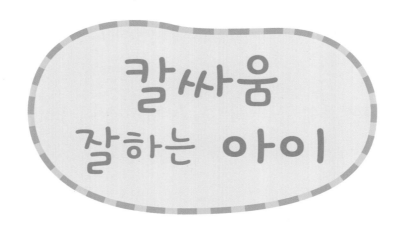

칼싸움
잘하는 아이

고구려를 세운 사람은 동명성왕입니다. 고구려 주위에는 작은 나라들이 많았습니다. 동명성왕은 작은 부족 국가들을 하나둘 차지했습니다. 자연히 고구려는 점점 커졌습니다.

동명성왕이 세상을 떠난 뒤로도 많은 왕들이 나라를 넓혀 나갔습니다. 고구려는 힘세고 넓은 나라가 되었습니다.

고구려가 이렇게 부자 나라일 때 연개소문이 태어났습니다. 고구려에서 왕 다음으로 높은 벼슬은 대막리지입니다. 연개소문의 아버지는 대막리지 연태조였습니다.

연개소문은 어렸을 때부터 칼싸움을 잘했습니다.

친구 다섯 명이 한꺼번에 덤벼도 끄떡없었습니다.

"덤벼라! 모두 한꺼번에 덤벼도 좋다!"

연개소문은 칼을 아주 잘 다루었습니다. 목검(나무로 만든 칼)을 항상 허리와 등 뒤에 한 자루씩 꽂고 다녔습니다.

칼싸움 놀이를 할 때 친구들은 이 점을 불평했습니다.

"연개소문, 넌 목검이 두 자루고 우리는 한 자루니 이것은 공평하지 않다."

"그럼 너희도 두 자루 가지고 해라. 칼은 우리 집에 많으니까."

연개소문은 친구들에게 목검을 한 자루씩 갖다 주었습니다.

"얏! 얏! 얏!"

연개소문의 목검 두 자루는 휙휙 소리를 내며 공기를 갈랐습니다. 목검이지만 칼끝에 닿기만 해도 옷이 찢어지고 살갗이 베일 것만 같아 무서웠습니다.

"자, 자, 잠깐만……."

"아얏!"

친구들은 목검을 두 자루씩 다루는 것이 서툴러 제 것끼리 칼을 부딪쳤습니다. 제 칼로 제 몸을 때리며 비명을 질렀습니다. 연개소문은 웃으면서 칼을 멋있게 돌려 등과 허리에 하나씩 꽂았습니다.

어느 날, 연개소문이 목검을 가지고 칼싸움을 하다가

그만 친구 목이의 머리를 때려 피가 났습니다.

"으앙……."

목이는 울음을 터뜨리며 집으로 갔습니다.

연개소문은 집에 돌아와 아버지한테 야단을 맞았습니다.

"장난일지라도 친구를 다치게 하면 어떡하느냐?"

"그때는 친구가 아니라 적이었습니다. 적을 살려 두면 제가 위험합니다."

연개소문은 두 눈을 위로 쭉 올리며 입을 꽉 다물었습니다. 아버지는 할 말이 없었습니다.

"다음에는 친구가 다치는 일이 없도록 조심해서 놀아라. 그리고 칼싸움만 하지 말고 공부도 해야지."

연개소문은 아버지 말씀대로 공부를 열심히 했습니다. 특히 역사 공부를 많이 해서 고구려를 위해 싸운 광개토 태왕, 을지문덕 장군에 대해 많이 배웠습니다.

사냥놀이

고구려 사람들은 유난히 사냥을 좋아했습니다. 잡은 짐승의 고기를 먹고, 가죽으로는 옷과 신을 만들었습니다.

어른들은 사냥을 하면서 군사 훈련을 했습니다.

고구려에서는 1년에 두 번씩 사냥 대회가 열렸습니다.

"아버지, 사냥 대회 가시는 거예요?"

연개소문은 멋있게 차려입고 사냥하러 가는 아버지가 자랑스러웠습니다.

"저도 가고 싶어요!"

"나중에 크면 너도 사냥 대회에 나갈 수 있을 게다."

아버지는 어린 아들을 달래 주었습니다. 하지만 연개소문은 사냥이 너무나 하고 싶었습니다.

다음 날, 연개소문은 친한 친구들을 불러 모았습니다. 칼싸움도, 공부도 같이 하는 친구 다섯이었습니다.

"우리도 사냥하러 가자."

연개소문 말에 친구들은 신이 나서 껑충껑충 뛰었습니다.

"그래, 그래. 좋다!"

노래를 부르며 장안성을 나온 아이들은 산에 올라가자마자 토끼를 만났습니다.

"토끼다. 잡아라!"

친구들이 소리를 지르며 토끼를 쫓아 산 위로 올라갔습니다. 연개소문은 친구들 뒤를 따라 천천히 걸었습니다.

"에잇, 놓쳤네."

"연개소문, 왜 그렇게 천천히 오는 거야? 사냥 안 해?"

친구들 보기에 연개소문이 이상했습니다.

"토끼는 앞다리보다 뒷다리가 길기 때문에 높은 곳으로 쫓아가서는 잡을 수 없어."

"그럼?"

"아래쪽으로 몰아야 해. 그래야 잘 못 뛴단 말이야."

연개소문과 친구들은 산꼭대기로 올라갔습니다. 멀리 웅장한 장안성이 보였습니다.

"당나라가 우리 장안성을 빼앗고 싶어한대. 나는 어른이 되면 꼭 당나라를 물리칠 거야."

연개소문은 두 주먹을 꼭 쥐었습니다.

"나도, 나도."

친구들도 함께 싸우겠다고 다짐했습니다.

"자, 빨리 토끼를 잡아 가지고 가자. 배고프다."

아이들은 토끼를 몰기 시작했습니다.

"토끼가 정신을 못 차리게 소리를 지르면서 아래로 몰아야 해!"

연개소문이 아이들 대장이 되어 명령했습니다.

그런데 토끼를 몰다가 그만 목이가 절벽 아래로 굴렀습니다. 목이의 다리가 부러졌습니다. 목이는 아프다고 엉엉 울었습니다.

연개소문은 목이를 업고 산을 내려왔습니다.

부하 사랑

연개소문과 친구들이 산 아래로 내려왔을 때는 이미 깜깜한 밤이었습니다. 어른들은 걱정이 이만저만이 아니었습니다.

"어허, 이 아이가 왜 이리 늦는단 말이오?"

"그러게 말입니다."

"여봐라, 어서 나가서 연개소문을 찾아보아라!"

아버지는 하인을 불러 말했습니다.

그때 연개소문이 친구들과 헤어져 집에 돌아왔습니다.

아버지가 연개소문에게 물었습니다.

"왜 이렇게 늦었느냐?"

"친구 목이가 절벽에서 떨어져 다리가 부러졌습니다. 그 아이를 업고 내려오느라 늦었습니다."

"목이라면……, 전에 네 목검에 맞아 머리를 다쳤던 아이가 아니냐?"

"맞습니다."

"지난번에 적은 용서할 수 없다고 했는데, 오늘은 그런 적을 업고 험한 산을 내려왔다니 이상하구나."

연개소문이 또랑또랑한 목소리로 대답했습니다.

"목이는 제 부하가 되었습니다. 부하가 다쳤는데 대장이 구해 줘야지요."

연개소문의 대답에 아버지는 껄껄 웃었습니다.

"우리 아들은 이다음에 자라서 훌륭한 장군이 되겠구나. 어머니가 걱정을 많이 하셨으니 가서 잘 설명해 드리고 어서 밥 먹어라. 하루 종일 고생했으니 어머니에게 고기를 구워 달라고 해라."

아버지가 사냥에서 잡아 온 사슴 고기가 있어서 연개소문은
저녁을 배불리 먹었습니다.

"오늘 목이가 다치지만 않았어도 토끼를 많이 잡아 왔을 거
예요."

속이 상했는지 연개소문은 어머니에게 이렇게 푸념을 했습
니다.

어머니는 그런 연개소문을 향해 빙그레 미소를 보였습니다.

당나라군의 침략

연개소문은 어른이 되었습니다. 그동안 무술을 열심히 닦아 연개소문을 이길 사람을 찾아보기가 어려웠습니다.

당나라 태종은 고구려를 쳐들어오려고 호시탐탐 노리고 있었습니다. 고구려 왕과 신하들은 그것도 모르고 평화롭게 지낼 수 있다고 좋아했습니다.

"당나라에게 잘 보이면 쳐들어오지 않을 것이다. 그러니 당나라의 눈에 거슬리는 일은 하지 마라."

영류왕은 당나라에 쌀도 보내고 가죽도 보냈습니다.

"아무리 그래도 언젠가는 당나라가 고구려에 쳐들어올 것입니다. 그러니 당나라의 공격을 막아 낼 준비를 해야 합니다."

연개소문이 아무리 말해도 영류왕은 들은 체도 하지 않았습니다.

고구려 사신 | 당나라 태종 때 염립본이 이웃 나라 사신의 방문을 기념하여 그린 「황회도」에 묘사된 고구려 사신의 모습입니다.

세월이 흐르고 왕이 바뀌었습니다. 연개소문은 아버지 뒤를 이어 대막리지가 되었습니다.

새로 왕이 된 보장왕은 모든 일을 연개소문에게 맡겼습니다. 연개소문은 당나라가 쳐들어오면 막아 낼 준비를 했습니다.

"당나라 군사들이 아무리 많고 힘이 세다고 해도 굶주리면 싸우지 못할 것이다."

연개소문은 당나라군이 식량을 구하지 못하도록 꾀를 냈습니다. 당나라군이 쳐들어오는 길에 식량을 구할 수 없도록 사람과 짐승들을 미리 다른 곳으로 피난 보낸 것입니다.

당 태종은 군사들에게 식량을 짊어지고 가서 고구려를 공격하라고 명령했습니다. 그러나 식량은 금세 바닥이 나고 말았습니다. 당나라 군사들은 식량을 구하지 못해 배가 고팠습니다.

"연개소문은 머리가 좋은 자로군."

당 태종은 약이 올라서 발을 굴렀습니다.

"고구려의 작은 성을 빼앗아 식량을 구하도록 하라."

당나라군은 작은 성을 공격해 식량을 빼앗았습니다.

"흠, 당나라군을 골탕 먹여서 힘이 빠지게 해야겠다."

연개소문은 틈만 나면 당나라의 식량 창고를 습격해 빼앗긴 식량을 되찾아왔습니다.

식량이 부족해 군사들을 제대로 먹이지 못하자 당 태종은 더 이상 남쪽으로 쳐들어오지 못했습니다.

안시성 싸움

연개소문은 당나라군을 완전히 물리칠 계획을 세웠습니다.

"안시성은 크고 튼튼해서 당나라군을 물리치기 좋은 곳이다. 당나라군이 안시성을 공격하도록 만들어야겠다."

연개소문은 다른 성으로 가는 길들을 다 막고 안시성으로 통하는 길만 그냥 두었습니다. 당 태종은 연개소문의 작전대로 안시성을 공격했습니다.

"자, 함께 당나라군을 물리치자!"

연개소문이 외쳤습니다.

무용총 수렵도 | 생동감 있는 묘사로 고구려인의 활달한 기상을 잘 나타낸 고구려 고분 벽화입니다.

군사와 백성들이 한마음 한뜻이 되어 성을 지켰습니다.

당나라군은 성문을 부수는 충차로 공격을 해 왔습니다.

"불화살을 쏘아서 충차를 태워 버려라!"

연개소문의 명령이 떨어지기 무섭게 고구려 군사들은 불화
살을 날려 보냈습니다. 충차에 불이 붙었습니다. 사다리를 타
고 성벽을 기어오르는 당나라군은 칼과 화살로 물리쳤습니다.

무기가 없는 백성들은 당나라 군사들에게 돌을 던졌습니다. 안시성은 바늘 끝 하나 들어갈 틈이 없었습니다. 그러자 당 태종도 꾀를 냈습니다.

"성이 높아서 활을 아무리 많이 쏘아도 소용이 없으니 흙을 가져다가 흙산을 만들어라."

당 태종의 명령에 군사들은 흙을 쌓기 시작했습니다.

"음, 흙산을 만들어, 거기에 올라가서 화살을 쏘아 댈 생각이군."

연개소문은 성 위에 우뚝 서서 흙산을 쌓고 있는 당나라군을 내려다보았습니다. 흙산이 점점 높아져 안시성 성벽과 비슷해졌습니다.

그때 갑자기 먹구름이 시커멓게 몰려와 하늘을 뒤덮었습니다. 순식간에 주위가 캄캄해졌습니다.

"하늘도 우리 고구려를 돕는구나. 승리는 우리 것이다!"

연개소문은 하늘을 올려다보며 외쳤습니다.

후드득후드득 굵은 빗방울이 그의 얼굴에 떨어졌습니다. 곧

이어 장대 같은 비가 퍼붓기 시작하더니 하루,
이틀, 사흘, 멈추지 않고 쏟아졌습니다. 연개소
문은 당나라군이 공들여 쌓은 흙산을
보면서 껄껄 웃었습니다.
　흙산은 빗물을 머금고 거대한 흙
반죽이 되었습니다.

"흙산이 무너진다!"

고구려 군사와 당나라 군사가 동시에 외쳤습니다.

당나라군이 수십 일에 걸쳐 힘겹게 쌓은 높은 흙산이 무너져 내렸습니다. 당나라군은 흙더미에 깔리지 않으려고 앞다투어 달아나기 시작했습니다.

"이때다! 공격하라, 공격하라!"

연개소문은 칼을 높이 치켜들고 외쳤습니다.

투구를 쓰고 갑옷으로 무장한 연개소문은 말 위에 우뚝 앉아 칼을 휘둘렀습니다. 무거운 쇠로 만들어진 투구와 갑옷이었습니다. 그러나 그는 비단옷을 걸친 듯 가볍고 날쌔게 몸을 움직였습니다. 그가 칼을 움직일 때마다 당나라 군사들이 땅에 굴렀습니다.

연개소문의 칼날 속에는 선조들에게 배운 용맹과 애국심이 깃들어 있었습니다.

당나라군을
크게 이기다

　연개소문의 칼은 날아가는 새처럼 허공을 가르면서 당나라
군을 베어 천지를 두려움에 떨게 했습니다.
　"저 칼 놀림을 보아라. 연개소문은 사람이 아니다. 귀신이
야, 귀신!"
　"연개소문을 이길 자는 없다. 어서 달아나자."
　당나라 군사들은 무너진 흙산 진흙 속에서 허우적거리며 달
아났습니다.
　연개소문은 말을 타고서 그 위를 나는 듯 넘어 다니며 칼을

휘둘렀습니다.

"공격! 공격! 한 놈도 살려 보내지 마라!"

고구려 군사들이 함성을 지르며 당나라 군사를 쫓았습니다. 당나라군은 흙더미에 밀리고 고구려군에게 쫓기고 연개소문에게 혼을 빼앗겨, 무기도 내팽개치고 달아났습니다.

고구려군은 흙산과 당나라 진지를 점령했습니다.

"당나라 진지에 가서 식량을 가져와라."

고구려군은 보리 한 톨, 조 한 톨 남기지 않고 식량을 모조리 가져왔습니다. 당나라군은 고구려 수도인 장안성 근처에는 가 보지도 못하고 안시성을 공격하는 데만 석 달이 걸렸습니다. 공들여 쌓은 흙산을 빼앗기고 식량마저 다 빼앗긴 당나라군은 배고픔에 시달렸습니다. 거기다 9월에 접어들자 요동은 벌써 추워지기 시작했습니다.

"춥다. 그만 집에 가고 싶어."

"아이, 배고파."

추위와 배고픔으로 당나라 군사들은 지쳐 갔습니다.

당 태종은 커다란 피해만 입고 군사들에게 후퇴 명령을 내릴 수밖에 없었습니다.

"후퇴하라. 후퇴하라."

당 태종은 모든 것을 포기하고 요하(지금의 중국 랴오허 강)를 건너 후퇴하려고 했습니다.

"당나라군은 물이 적은 강 위쪽으로 후퇴할 것이다. 강 위쪽과 중간을 막아라."

연개소문은 재빨리 군사를 이동시켰습니다. 그는 당 태종의 마음속을 손바닥 들여다보듯 훤히 꿰뚫고 있었습니다.

당 태종은 물이 적은 위쪽과 중간으로는 도망갈 수가 없다는 것을 알았습니다.

"할 수 없다. 강 아래쪽으로 가자."

당나라군이 강 아래쪽으로 달아나자 연개소문은 끈질기게 그 뒤를 쫓았습니다.

"당나라군이 강 아래쪽으로 도망간다. 쫓아가 물리쳐라!"

강 아래쪽은 질펀질펀한 진흙탕이었습니다. 당나라군은 풀

51

안시성 | 고구려와 당나라 군대 사이에 치열한 싸움이 벌어졌던 곳입니다. 이 안시성 싸움은 고구려의 승리로 끝이 났습니다.

과 나무를 베어다가 길을 메우고, 물이 많은 곳에는 수레를 밀어 넣어 다리로 삼았습니다. 얼마나 급했는지 그 대단한 당 태종까지 나서서 나무 베는 일을 했습니다. 여기서 당 태종은 병을 얻었습니다.

당나라군은 고구려 군사들에게 칼과 화살을 맞아 죽어 갔습니다. 심한 눈보라를 맞으며 얼어 죽기도 했습니다.

당 태종의 죽음

당 태종은 간신히 만리장성까지 도망쳤습니다.

"전쟁에서는 져 본 적이 없는 내가 신하들 말을 듣지 않고 고구려를 침략했다가 참패를 당했구나……."

당 태종은 고구려를 공격했던 것을 깊이 후회했습니다.

그 무렵 신라의 김춘추 장군이 당 태종을 찾아왔습니다.

"신라에게 당나라군을 빌려 주십시오. 우리, 손을 잡고 고구려를 물리칩시다."

당 태종은 머리를 설레설레 흔들었습니다.

“싫소. 나는 싫소. 고구려에는 연개소문이 있어 쉽게 물리칠 수가 없소.”

그래도 김춘추는 물러서지 않았습니다.

“군사를 내주시면 틀림없이 고구려를 이길 수 있습니다.”

“안 될 말이오. 군사를 빌려 줄 수 없소.”

군사를 빌려 주지는 않았지만 당 태종은 김춘추에게 한 가지 꾀를 알려 주었습니다.

“만일 신라가 고구려를 공격하고 싶다면 먼저 백제부터 정복해야 할 것이오. 그다음에 힘을 모아 고구려를 치시오.”

김춘추는 고개를 끄덕이며 신라로 돌아갔습니다.

당 태종은 고구려와 싸우다가 얻은 병이 심해져 결국 죽었습니다. 그는 죽으면서 아들들에게 유언을 했습니다.

“아들들아, 너희들은 앞으로 절대 고구려를 공격하지 마라. 고구려를 공격하면 오히려 우리 당나라가 위태로워질 테니 내 말을 꼭 명심하여라.”

뒷날 중국의 역사가는 이렇게 말했습니다.

"수나라까지 정복한 당 태종처럼 전쟁을 잘하는 왕이 고구려에게 참패를 당한 것은 바로 연개소문 때문이다."

당나라는 이처럼 연개소문에게 크게 패하고 나자 한동안 고구려를 침략하지 못했습니다.

"지금은 조용하지만 힘이 모아지면 당나라는 또 우리 나라를 쳐들어올 것이다."

연개소문은 부하 덕창을 신라로 보내 감시를 게을리하지 않았습니다.

"으음, 분명 신라는 당나라를 부추겨 우리 고구려를 공격할 것이다."

신라는 연개소문이 볼 때 불씨였습니다. 언제 피어올라 사방으로 번질지 모르는 위험한 불씨. 그래서 그는 늘 신라를 주시하고 있었습니다.

당 고종을 물리치다

　중국 당나라에서는 태종이 죽고 그의 아들 고종이 왕위에 올랐습니다. 신라는 여전히 당나라에 군사를 달라고 조르고 있었습니다.

　'아버지께선 고구려와 전쟁을 하지 말라고 했지만, 신라가 저렇게 졸라 대니 어쩐다? 신라랑 손잡고 백제를 먼저 물리친 다음에 고구려를 치면 이길 수 있을 텐데…….'

　아버지의 유언에도 불구하고 당 고종은 신라의 청에 마음이 끌렸습니다.

660년, 당나라는 마침내 신라와 힘을 합해 백제를 멸망시켰습니다. 그리고 고구려로 공격해 왔습니다.

당나라 100만 대군이 총공격을 해 왔습니다. 소정방이 이끄는 부대는 장안성을 포위했습니다.

"두려워하지 마라. 나를 따르라!"

연개소문은 방효태가 이끄는 군사에 맞서 싸웠습니다.

연개소문의 귀신 같은 칼 솜씨에 당나라 군사들은 넋을 잃었습니다. 연개소문이 나서기만 하면 당나라 군사들은 퍽퍽 쓰러졌습니다. 당나라 군사들 사이에서는 연개소문이 사람이 아니라 귀신이라는 소문이 돌았습니다. 당나라군은 두려움에 떨었습니다.

"나는 저 연개소문만 보면 몸이 떨려서 싸울 수가 없어."

"나도 그래. 우리 도망가자."

당나라군은 싸울 뜻을 잃었습니다.

연개소문은 방효태의 대군을 전멸시켰습니다.

평양에 눈이 쏟아지고 있었습니다. 그 눈보라를 뚫고 말을

탄 당나라군이 소정방에게 달려왔습니다.

"방효태 장군의 군대가 연개소문에게 전멸되었습니다."

"그렇다면 이제 연개소문이 우리를 공격하겠구나."

놀란 소정방은 군사를 이끌고 달아났습니다. 함께 쳐들어왔던 신라의 김유신 장군도 슬그머니 고구려를 떠났습니다.

당 고종은 아버지 유언을 듣지 않고 고구려를 공격한 것을 크게 후회했습니다.

연개소문의 죽음

거대한 당나라와 싸워 이기고, 그들을 두려움에 떨게 했던 고구려의 영웅 연개소문도 나이를 먹었습니다. 게다가 병까지 들어 죽음을 앞두고 있었습니다.

연개소문에게는 한 가지 걱정이 있었습니다. 그것은 바로 아이들을 너무 귀하게 키운 것이었습니다.

"나는 너무 일찍부터 아들들에게 벼슬을 주고 권력을 쥐어 주었다. 돌이킬 수 없는 실수였어."

세상의 모든 아버지들처럼 연개소문도 아들들을 지나치게

사랑한 것이 원인이었습니다.

"아들들을 강하게 키웠어야 했는데……."

칼을 휘두르며 세상을 호령하던 연개소문이었지만, 죽음을 앞두고는 깊이 후회했습니다. 그러나 때늦은 후회였습니다.

"내가 죽은 뒤의 고구려가 걱정이구나."

연개소문은 죽음이 임박하자 아들들을 불러 모았습니다.

"너희들은 물과 물고기와 같다. 서로 돕고 함께 일하지 않으면 모두 죽고 말 것이다. 너희들이 잘못되면 고구려는 망한다. 당나라와 신라가 우리 고구려를 노리고 있지만 너희들이 사이좋게 지내면서 나라를 이끌어 간다면 큰 어려움은 없을 것이다. 그러니 너희들은 어떤 일이 있어도 사이좋게 지내야 한다."

백전백승(전쟁을 할 때마다 이긴다는 뜻)의 당 태종을 혼비백산(혼이 빠지도록 놀란다는 뜻)하여 달아나게 만든, 그리고 끝내는 죽음에 이르도록 한 연개소문. 당 고종의 침략을 깨끗하게 물리친 연개소문. 지략과 용맹이 뛰어났던 고구려의 영웅 연개소문은 나라와 아들들을 걱정하면서 눈을 감았습니다.

　연개소문이 죽자 그가 염려했던 대로 고구려는 큰 혼란에 빠졌습니다. 고구려를 이끌어 갈 뛰어난 인물이 없고, 연개소문의 아들들을 시기하고 질투하는 무리들이 기승을 부리기 시작했기 때문이었습니다.

고구려의
열망

　연남생은 연개소문의 큰아들입니다. 그는 아홉 살에 처음 벼슬길에 올라 열다섯 살에 소형, 열여섯 살에 대형, 열여덟 살에 위두대형이라는 벼슬에 올랐습니다.

　이렇게 연개소문의 후계자로 키워진 연남생은 아버지의 뒤를 이어 대막리지가 되었습니다. 아버지의 모든 권력을 물려받게 된 것입니다.

　"연개소문은 뛰어난 장군이었지만 연남생은 뭐야? 능력도 없으면서 권력을 물려받아 대막리지가 되었잖아."

반대파가 생기고, 연남생의 명령을 따르지 않는 사람들이 생겼습니다. 반대파들은 연남생 형제들이 욕심이 많다는 것을 이용해 서로를 미워하도록 만들었습니다. 동생들에게 가서는 '대막리지가 두 분 동생을 죽이려고 합니다.'라고 말하고, 연남생에게는 이렇게 말했습니다.

"두 동생이 대막리지 어른을 없애려고 합니다."

마침내 형제들 간의 싸움이 시작되었습니다. 동생들과의 싸움에서 밀린 연남생은 부하들을 이끌고 당나라에 가서 항복했습니다. 당나라 군대는 연남생을 앞세우고 고구려를 총공격했습니다.

668년, 고구려는 멸망했습니다. 그러나 후손들 가슴속에 고구려의 정신은 길이 남아 전해지고 있습니다. 그 정신 속에는 자존심 강하고 용맹스러웠던 천하무적 연개소문이 있습니다. 그는 꺼지지 않는 불씨처럼 우리들 가슴 속에서 언젠가 다시 피울 불꽃을 준비하고 있습니다. ✤

연 대	발 자 취
	대막리지인 아버지 연태조의 큰아들로 태어나다(출생 연도는 알 수 없다).
631년	천리성을 쌓기 시작해 16년이 지난 뒤에야 완성하다(연개소문이 천리성 축조를 감독한 것은 확실하나 정확한 연대는 알 수 없다).
634년	큰아들 연남생을 낳아 후계자로서 귀하게 키우다.
642년 (영류왕 25)	자신을 없애려는 귀족들을 군대 열병식에 초대해 처치하다. 영류왕을 폐하고 보장왕을 왕위에 올린 후 스스로 대막리지가 되다. 백제를 치기 위해 군사를 요청하러 온 김춘추를 만나다.
645년 (보장왕 4)	당나라 군대를 안시성에서 격파하고, 후퇴하는 당나라군을 쫓아가 요하에서 전멸시키다(이때 얻은 병으로 당 태종이 649년 세상을 떠나다).
661년 (보장왕 20)	당나라 대군이 신라와 함께 고구려로 쳐들어오다. 연개소문이 방효태의 대군을 전멸시키자 이에 놀란 소정방이 포위했던 평양성(장안성)을 포기하고 후퇴하다.
666년 (보장왕 25)	나라와 아들들을 걱정하며 세상을 떠나다.
668년 (보장왕 27)	연개소문의 세 아들의 권력 다툼으로 나라의 힘이 흩어지고, 큰아들 연남생의 배신으로 결국 고구려가 멸망하다.

1. 고구려를 세운 사람은 누구인가요?

2. 고구려 최고의 벼슬로, 왕의 명령을 받아 백성과 관리와 군사를 이끌면서 나라 살림을 돌보는 직위는 무엇인가요?

3. 고구려는 당나라와 이 나라와의 연합군에 의해 멸망하고 맙니다. 괄호 안에 들어갈 이 나라의 이름은 무엇인가요?

  당나라는 이처럼 연개소문에게 크게 패하고 나자 한동안 고구려를 침략하지 못했습니다.
  "지금은 조용하지만 힘이 모아지면 당나라는 또 우리나라를 쳐들어올 것이다."
  연개소문은 부하 덕창을 (   )로 보내 감시를 게을리하지 않았습니다.
  "으음, 분명 (   )는 당나라를 부추겨 우리 고구려를 공격할 것이다."
  (   )는 연개소문이 볼 때 불씨였습니다. 언제 피어올라 사방으로 번질지 모르는 위험한 불씨. 그래서 그는 늘 (   )를 주시하고 있었습니다.

4. 연개소문이 놀이에서 친구를 다치게 한 뒤 밑줄 친 부분과 같이 말한
   것에 대해 여러분은 어떻게 생각하나요? 자신의 생각을 펼쳐 보세요.

> "장난일지라도 친구를 다치게 하면 어떡하느냐?"
> "그때는 친구가 아니라 적이었습니다. 적을 살려 두면 제가
> 위험합니다."
>   연개소문은 두 눈을 위로 쭉 올리며 입을 꽉 다물었습니다.
> 아버지는 할 말이 없었습니다.

5. 연개소문과 같은 훌륭한 장수가 오랫동안 굳건히 지켜 왔음에도 결국
   고구려는 패망하고 말았습니다. 연개소문의 자식들이 패망의 큰 원인
   이었지요. 고구려의 멸망 과정을 잘 살펴보고, 여기에서 얻을 수 있는
   교훈은 무엇인지 적어 보세요.

6. 여러분이 만약 고구려의 신하였다면 영류왕과 연개소문의 입장 중 어느 쪽 입장에 설지, 그렇게 생각한 이유는 무엇인지 적어 보세요.

당나라 태종은 고구려를 쳐들어오려고 호시탐탐 노리고 있었습니다. 고구려 왕과 신하들은 그것도 모르고 평화롭게 지낼 수 있다고 좋아했습니다.

"당나라에게 잘 보이면 쳐들어오지 않을 것이다. 그러니 당나라의 눈에 거슬리는 일은 하지 마라."

영류왕은 당나라에 쌀도 보내고 가죽도 보냈습니다.

"아무리 그래도 언젠가는 당나라가 고구려에 쳐들어올 것입니다. 그러니 당나라의 공격을 막아 낼 준비를 해야 합니다."

연개소문이 아무리 말해도 영류왕은 들은 체도 하지 않았습니다.

풀이

1. 동명성왕

2. 대막리지

3. 신라

4. 예시 : 크게 잘못되었다고 본다. 놀이는 어디까지나 놀이일 뿐이다. 연개소문은 지나친 승부욕으로 인해 하마터면 친구를 큰 위험에 빠뜨릴 뻔하였다. 적과 나를 분명히 가르는 것도 좋지만, 놀이와 현실을 구분할 줄 아는 지혜가 더욱 필요하다.

5. 예시 : 연개소문이 죽은 후, 고구려는 그의 세 아들이 정권을 차지하려고 서로 모함하고 이간질을 하는 틈에 어수선해지면서 결국 나당 연합군에 의해 멸망하고 말았다. 연개소문도 죽기 전에 자식들을 무조건적으로 사랑하며 버릇없이 키운 것을 후회했지만 이미 소용 없는 일이었다. 아무리 부강한 나라라도 형제간의 다툼으로 쉽게 몰락하는 걸 보면서 형제간의 우애와 올바른 가정 교육이 얼마나 중요한지 깨닫게 되었다.

6. 예시 : · 영류왕 편-당장 나라가 평화롭다면 구태여 전쟁을 위해 이런저런 준비를 할 필요가 있을까? 전쟁 준비를 위해 들어가는 물자도 엄청나게 많으며, 전쟁이 일어난다면 인명과 재산 피해도 어마어마하다. 이왕이면 서로 입장을 맞추어 가며 평화롭게 사는 것이 좋을 것 같다.
· 연개소문 편-지금처럼 인터넷이 발달해 나라 간에 정보를 공유할 수 있는 것도 아니고, 다른 나라에서 무슨 일을 어떻게 꾸미고 있는지도 모르는데 마음을 놓고 있는 것은 어리석다고 생각한다. 게다가 상대는 호시탐탐 고구려를 노려 왔던 당나라이다. 눈앞의 평화를 위해 상대의 비위를 맞추는 건 굴욕적인 일이다. 나라의 자존심을 지키고 만약의 사태에 대비해야 한다.

광개토 대왕 (374~412)
연개 소문 (?~666)
장보고 (?~846)
최무선 (1328~1395)
신사임당 (1504~1551)
한석봉 (1543~1605)

을지문덕 (?~?)
김유신 (595~673)
대조영 (?~719)
왕건 (877~943)
강감찬 (948~1031)
황희 (1363~1452)
이이 (1536~1584)
이순신 (1545~1598)

세종 대왕 (1397~1450)
허준 (1539~1615)
오성과 한음 (오성 1556~1618 / 한음 1561~1613)

장영실 (?~?)
유성룡 (1542~1607)

고구려 살수 대첩 (612)
견훤 후백제 건국 (900)
문익점 원에서 목화씨 가져옴 (1363)
허준 동의보감 완성 (1610)

신라 삼국 통일 (676)
궁예 후고구려 건국 (901)
고려 강화로 도읍 옮김 (1232)
최무선 화약 만듦 (1377)
병자 호란 (1636)

고구려 불교 전래 (372)
신라 불교 공인 (527)
대조영 발해 건국 (698)
장보고 청해진 설치 (828)
왕건 고려 건국 (918)
귀주 대첩 (1019)
윤관 여진 정벌 (1107)
개경 환도, 삼별초 대몽 항쟁 (1270)
조선 건국 (1392)
훈민 정음 창제 (1443)
임진 왜란 (1592~1598)
한산도 대첩 (1592)
상평 통보 전국 유통 (1678)

고조선 건국 (B.C. 2333)
철기 문화 보급 (B.C. 300년경)
고조선 멸망 (B.C. 108)

B.C.	선사 시대 및 연맹 왕국 시대	A.D. 삼국 시대	698 남북국 시대	918	고려 시대	1392

2000	500	400	300	100	0	300	500	600	800	900	1000	1100	1200	1300	1400	1500	1600

B.C.	고대 사회	A.D. 375	중세 사회	1400

중국 황하 문명 시작 (B.C. 2500년경)
인도 석가모니 탄생 (B.C. 563년경)
알렉산더 대왕 동방 원정 (B.C. 334)
크리스트교 공인 (313)
수나라 중국 통일 (589)
이슬람교 창시 (610)
러시아 건국 (862)
거란 건국 (918)
제1차 십자군 원정 (1096)
테무친 몽골 통일 칭기즈 칸이 됨 (1206)
원 멸망 명 건국 (1368)
잔 다르크 영국군 격파 (1429)
코페르니쿠스 지동설 주장 (1543)
독일 30년 전쟁 (1618)

게르만 민족 대이동 시작 (375)
수 멸망 당나라 건국 (618)
송 태종 중국 통일 (979)
원 제국 성립 (1271)
구텐 베르크 금속 활자 발명 (1450)
도요토미 히데요시 일본 통일 (1590)
영국 청교도 혁명 (1642~1649)

로마 제국 동서로 분열 (395)
뉴턴 만유 인력의 법칙 발견 (1665)

석가모니 (B.C. 563?~B.C. 483?)
예수 (B.C. 4?~A.D. 30)
칭기즈 칸 (1162~1227)

정약용
(1762~1836)

김정호
(?~?)

주시경
(1876~1914)

김구
(1876~1949)

안창호
(1878~1938)

안중근
(1879~1910)

우장춘
(1898~1959)

방정환
(1899~1931)

유관순
(1902~1920)

윤봉길
(1908~1932)

이중섭
(1916~1956)

백남준
(1932~2006)

이태석
(1962~2010)

최제우
동학
창시
(1860)

김정호
대동여
지도
제작
(1861)

강화도
조약
체결
(1876)

지석영
종두법
전래
(1879)

동학
농민
운동,
갑오
개혁
(1894)

대한
제국
성립
(1897)

을사
조약
(1905)

헤이그
특사
파견,
고종
퇴위
(1907)

한일
강제
합방
(1910)

3·1
운동
(1919)

8·15
광복
(1945)

6·29
민주화
선언
(1987)

이승훈
천주교
전도
(1784)

갑신
정변
(1884)

어린이날
제정
(1922)

윤봉길·
이봉창
의거
(1932)

대한
민국
정부
수립
(1948)

6·25
전쟁
(1950~1953)

10·26
사태
(1979)

서울
올림픽
개최
(1988)

북한
김일성
사망
(1994)

의약
분업
실시
(2000)

조선 시대	1876 개화기	1897 대한 제국	1910 일제 강점기	1948 대한민국

1700	1800	1850	1860	1870	1880	1890	1900	1910	1920	1930	1940	1950	1970	1980	1990	2000

근대 사회	1900 현대 사회

미국
독립
선언
(1776)

프랑스
대혁명
(1789)

청·영국
아편
전쟁
(1840~1842)

미국
남북
전쟁
(1861~1865)

베를린
회의
(1878)

청·
프랑스
전쟁
(1884~1885)

청·일
전쟁
(1894~1895)

헤이그
평화
회의
(1899)

영·일
동맹
(1902)

러·일
전쟁
(1904~1905)

제1차
세계
대전
(1914~1918)

러시아
혁명
(1917)

세계
경제
대공황
시작
(1929)

제2차
세계
대전
(1939~1945)

태평양
전쟁
(1941~1945)

국제
연합
성립
(1945)

소련
세계
최초
인공위성
발사
(1957)

제4차
중동
전쟁
(1973)

소련
아프가니
스탄
침공
(1979)

미국
우주
왕복선
콜럼비아
호 발사
(1981)

독일
통일
(1990)

유럽
11개국
단일
통화
유로화
채택
(1998)

미국
9·11
테러
(2001)

워싱턴
(1732~1799)

페스탈
로치
(1746~1827)

모차
르트
(1756~1791)

나폴
레옹
(1769~1821)

링컨
(1809~1865)

나이팅
게일
(1820~1910)

파브르
(1823~1915)

노벨
(1833~1896)

에디슨
(1847~1931)

가우디
(1852~1926)

라이트
형제
(형, 윌버
1867~1912 /
동생, 오빌
1871~1948)

마리
퀴리
(1867~1934)

간디
(1869~1948)

아문센
(1872~1928)

슈바이처
(1875~1965)

아인슈
타인
(1879~1955)

헬렌
켈러
(1880~1968)

테레사
(1910~1997)

만델라
(1918~2013)

마틴
루서 킹
(1929~1968)

스티븐
호킹
(1942~2018)

오프라
윈프리
(1954~)

스티브
잡스
(1955~2011)

빌
게이츠
(1955~)

2021년 4월 25일 2판 4쇄 **펴냄**
2014년 2월 25일 2판 1쇄 **펴냄**
2008년 6월 30일 1판 1쇄 **펴냄**

펴낸곳 (주)효리원
펴낸이 윤종근
글쓴이 소중애 · **그린이** 김광배
사진 제공 중앙포토, 연합뉴스
등록 1990년 12월 20일 · **번호** 2-1108
우편 번호 03147
주소 서울시 종로구 삼일대로 457, 1206호
대표 전화 02)3675-5222 · **편집부** 02)3675-5225
팩시밀리 02)765-5222

ⓒ 2008 · 2014, (주)효리원

ISBN 978-89-281-0342-3 64990

홈페이지 www.hyoreewon.com